は　し　が　き

　毎日のように中小企業のオーナーにお会いしていて、一番大きな悩み事は、「後継者を誰にするか」、あるいは「いつ後継者にバトンタッチするか」という相談、つまり事業承継の相談です。

　しかし、そのような悩みを持っているオーナーでさえも、自分の会社の株価をきいても「知らない」という方がたくさんいらっしゃいます。

　あるいは、後継者は長男と決まっているのに、次男も長女もかわいいということで株式を分散しているオーナーもいます。

　さらに、自社株の相続問題は個人的な問題だから、会社には関係ないと真面目に考えているオーナーもいます。

　そこで、細かい内容は税理士・会計士の専門家にまかせて大きな流れをオーナーの方に理解してもらうために本書を書きました。

　つまり、オーナーが事業承継に関して意思決定するのに必要な最低限度の基礎知識を盛り込んだつもりです。

　「後継者を誰にするか」、「自社株評価の基本的考え方」、「自社株対策の具体例」、さらには、最近創設された「自社株納税猶予」、をできるだけ簡単に説明しています。

　あまりにも簡単すぎてもう少し詳しく勉強したいとオーナーの方が思われたとすれば、本書の望みは達成できたのではないかと思います。

　皆様に少しでもお役にたてれば幸いに存じます。

平成28年10月

辻・本郷 税理士法人

理事長　德　田　　　孝　司

目　次

序　章　事業承継を考える
事業承継を考える上での5つのポイント　　2

第1章　後継者を選ぶ
1．誰に事業を引き継がせるか　　6
2．後継者を育てる　　8
3．後継者への引き継ぎ方　　12

第2章　自社株の評価方法
1．自社株評価の概要　　20
2．原則的評価方式による評価　　21
3．類似業種比準価額の計算　　24
4．純資産価額の計算　　26
5．特定会社の株式の評価　　28
6．配当還元価額の計算　　30

第3章　自社株対策の具体的方法
1．自社株対策の必要性　　32
2．オーナーに対する退職金の支払い　　33
3．資産管理会社の設立　　35
4．高収益部門の分社化　　36
5．従業員持株会の活用　　37
6．種類株式の活用　　39
7．納税資金対策　　44
8．信託制度の活用　　47
9．M＆Aによる親族外承継　　50
10．ＭＢＯ等による親族外承継　　52

第4章　事業承継税制
1．事業承継税制の背景　　56
2．経営承継円滑化法の概要　　58
3．事業承継税制の概要（相続税の納税猶予）　　60
4．事業承継税制の概要（贈与税の納税猶予）　　62
5．相続税・贈与税の納税猶予制度の流れ　　64
6．相続税の猶予税額の計算方法　　66

序　章
事業承継を考える

事業承継を考える上での5つのポイント

事業承継を考える上での大切なポイントは次のとおりです。
(1) 後継者をどうするのか?
(2) 経営権対策をどうするのか?
(3) 株価・相続税をどうするのか?
(4) 納税資金をどうするのか?
(5) 争族対策をどうするのか?

(1) 後継者の選択

「誰に会社を引き継がせるのか?」

まず後継者を決めないことには、事業承継をスタートすることができません。子供など親族へ承継するのか、または会社をよく知る従業員に承継するのか、さらには、第三者へのM&Aを検討するのかを意思決定する必要があります。

(2) 経営権対策

事業を引き継いだ後継者が安定的に経営をしていくためには、後継者に自社株や事業用資産を集中的に承継させる必要があります。とくに自社株は、会社が意思決定する際の株主総会における議決権に影響しますので、後継者以外の子供がいる場合の遺留分などにも配慮して、いかに後継者に集中させるかが、事業承継を考える上での大きなポイントとなります。

(3) 株価・相続税

自社株の評価額が高い場合、後継者は多額の相続税を負担することになる場合があります。将来、相続が発生した場合、自社株や事業用資産にかかる相続税の負担をいかにして軽減させるのかがポイントになります。

(4) 納税資金

　一般的に中小企業オーナーの財産構成は、自社株や事業用資産が大半を占めており、これらの財産は換金性がないため、どのようにして相続税の納税資金を確保するかがポイントになります。仮にオーナーが金融資産を所有していたとしても、自社株や事業用資産の後継者への集中を考えると、後継者でない子供への配慮も考えなければなりませんので、多額の資金が必要になる場合があります。

(5) 争族対策

　子供の一人を後継者として、自社株などの財産の承継を集中させる場合、後継者でない子供の遺留分を侵害しないよう配慮をし、相続発生後の親族間の財産争いが生じないようにすることがポイントになります。

〔事業承継を考える上での5つのポイント〕

項　目	事業継承を考える上でのポイント
(1) 後継者の選択	誰に事業を引き継がせるのか？
(2) 経営権対策	後継者の経営権について、いかに集中・安定化させるのか？
(3) 株価・相続税	将来、相続が発生した場合、自社株などの会社関連財産にかかる相続税をいかに合法的に圧縮するのか？
(4) 納税資金	相続税の納税資金を、いかにして捻出するのか？
(5) 争族対策	相続発生後の親族間の財産争いを回避するためには、どうしたら良いのか？

第1章
後継者を選ぶ

1．誰に事業を引き継がせるか

> 次世代の経営者となる後継者を決めるためには、内部・外部を問わず、経営者として誰が最もふさわしいのかという最高レベルの経営判断が必要です。なお、事業の承継パターンとしては次のケースが考えられます。
> （1）子供などへの親族内承継
> （2）従業員などへの親族外承継（MBO・LBO）
> （3）第三者への承継（M&A）

（1）子供などへの親族内承継

　オーナーが後継者の候補として第一に考えるのは、多くの場合は親族であり、親族の中でも子供が中心になります。この場合、考慮すべきこととして重要なポイントは、「本人に本気で継ぐ気があるか」と「経営者に向いているか」です。子供にそれらがない場合には、他の親族を後継者とすることも考えられます。また、子供が複数いる場合には、後継者以外の子供に対して、自社株や事業用資産以外の財産を承継させるなど、子供の間のバランスを取る配慮が必要になります。後継者を一人に絞れない場合には、会社を分社化することも一つの選択肢です。

（2）従業員などへの親族外承継（MBO・LBO）

　親族内に後継者としての適任者がいない場合には、その会社の事情に明るく安心感がある、例えば従業員の中でも番頭格の人に承継させるというのも一つの方法です。今まで会社を共に運営してきた実績があるため、スムーズに業務を進められます。この場合のポイントは、「役員・従業員、取引先など利害関係者の了承が得られるか」、そして、従業員などへの承継は、MBO・LBOなどの方法により会社の所有権を譲ることになるため、「経営権としての自社株を引き受ける資力があるか」になります。

（3）第三者への承継（M&A）

　親族内や従業員などにも後継者がいないとしても、従業員の雇用維持や取引先の仕事確保を考えると、事業を廃止するわけにはいきません。この場合、M&A（合併と買収）の方法により、会社を外部へ売却して第三者に経営してもらうのも一つの選択肢です。オーナーは、会社経営の悩みから解放され、売却代金をもとに悠々自適な生活を送ることができます。この場合のポイントは、「買い手が見つかるか」、「価格に折り合いがつくか」、さらには、「従業員の雇用が継続されるのか」といったところになります。

　事前に株価や事業の評価を行い、自分の会社の価値を知っておくとよいでしょう。

〔会社を誰に継がせるかのポイント〕

2. 後継者を育てる

後継者を決定したら、次に後継者としての教育を行い経営者としての能力や自覚を築き上げなければなりません。後継者教育をする上でのポイントは次のとおりです。
（1）後継者を社内で育てるか、社外で育てるか
（2）後継者に必要な資質
（3）オーナーの役割
（4）後継者にできること

（1）後継者を社内で育てるか、社外で育てるか

①社内で育てる

　一般的に、社内で後継者を育てるのは難しいといわれています。身内ということで甘やかしてしまったり、逆に厳しくしすぎてしまうからです。また、将来社長になることがわかっている社長の子供に対して、厳しく指導できる従業員はほとんどいません。社内が混乱する原因となるので避けるべきでしょう。

　ただし、社外で人に使われる立場にあっては習得できない知識や経験を積むために、自社内で社長の背中を見ながらマネジメントを覚えることが効果的な場合もあります。

②社外で育てる

　社外で育てるなら厳しいと言われている会社、そして、自社と同規模の会社が望ましいといえます。それは、大企業と中小企業とでは、組織における個人の役割が全く異なるからです。自社と同規模の会社であれば後継者にとっては将来のためにとてもよい勉強になります。

　ただし、このような条件の会社であっても、関連会社や取引先等の会社は避けるべきです。ちやほやされて調子に乗り、勘違いされてしまっては取り返しがつきません。

③社長の背中を見せて育てる

社長業の辛い側面ばかりを見せてはいないでしょうか。楽しい側面、やりがいのある仕事だという側面を小さいうちから見せておくことが、後継者教育の第一歩です。

(2) 後継者に必要な資質

①カリスマ性

確固たる経営理念を抱き、それを言葉で伝えることができるかどうかです。

②マネジメント能力

従業員のマネジメントができることが必要になってきます。社長は、いかに自分自身が動かないで済むかを考えなければなりません。ただし、自分では動かず楽をすることばかり考えることとは違います。

③リスクマネジメント

経営者は危険を察知できる能力が必要です。その危険に対して適切な対応ができることもまた必要です。企業には様々なリスクが潜んでいます。

④交渉力

営業交渉などの外部に対する交渉から始まり、社内交渉など、社長にはあらゆる場面で交渉力が必要になります。円滑な人間関係が作れる能力は不可欠です。

(3) オーナーの役割

①後継者の選定は早いほうがうまくいくことが多い

経営者は仕入・製造・販売といった商売以外にも、人事労務・税務会計などの管理業務に至るまで、幅広い知識と経験が要求されます。また、会社業務の全体像を把握するためには、会社の各部署を経験することも必要でしょう。したがって、できるだけ早く後継者を決めて後継者教育を行うことが必要です。

また、後継者を選ぶ決断がなかなかできず、決断を先延ばしにしたことによって、後継者争いで社内が2分してしまい、会社が衰退してしまうケースもあるので注意が必要です。

②後継者には教育係(メンター)を付ける

後継者には教育係をつけ、早い時期から仕事に関する考え方や経営者としての見方を学ばせることが望ましいでしょう。後継者が自ら教育係をつけることは考えにくいので、現経営者が教育係をつけてあげるといいでしょう。また、後継者と幹部社員との人間関係を良好に保つことは最大の難題といえますが、幹部社員を後継者の教育係にすることで人間関係がうまくいくことが往々にしてあります。

(4) 後継者にできること

①総合的な人間力を磨く

後継者は高学歴の人が多く、一般教養については身に付けている人が多いと考えられますが、経営には何よりも人間力が要求されます。人間力には思いやり、誠実性、包容力、行動力、統率力、忍耐力、決断力、創造力、バイタリティ、礼儀作法 など数値化できない様々なものがあります。人間力は、人間的魅力とも言い換えられるでしょう。

②初代オーナーの苦労を知る

初代オーナーの苦労を知り、そのおかげで今の自分があることを知ることが大切です。また、初代オーナーと苦労を共にしてきた社員達を尊敬する気持ちを決して忘れてはいけません。

③経営者は孤独、外部セミナーなどで経営者仲間をつくる

同じ立場の二代目経営者仲間を作り、悩みを相談したり、社長の心得などについてのアドバイスをもらえるような環境を作りましょう。たとえ問題が解決されなかったとしても、同じように悩んでいる仲間がいるということを知ること自体が、孤独感を和らげてくれます。そのためには、勉強会や懇親会などの集まりに積極的に参加するとよいでしょう。

〔社内・社外における教育の例〕

(1) "社内"における教育の例

	教育係	効果
①	各部門をローテーションさせる	経験と知識の習得

各部門（営業・財務・労務等）をローテーションさせることにより、会社全般の経験と必要な知識を習得させる。

	教育係	効果
②	責任ある地位に就ける	経営に対する自覚が生まれる

役員等の責任ある地位に就けて権限を移譲し、重要な意思決定やリーダーシップを発揮する機会を与える。

	教育係	効果
③	現経営者による指導	経営理念の引継ぎ

現経営者の指導により経営上のノウハウ、業界事情にとどまらず、経営理念を承継させる。

(2) "社外"における教育の例

	教育係	効果
①	他社での勤務を経験させる	人脈の形成・新しい経営手法の習得

人脈の形成や新しい経営手法の習得ができ、従来の枠にとらわれず、新しいアイデアを獲得させる。

	教育係	効果
②	子会社・関連会社等の経営を任せる	責任感の醸成・資質の確認

後継者に一定程度実力が備わった段階で、子会社・関連会社等の運営を任せることにより、経営者としての責任感を植え付けるとともに、資質を確認する。

	教育係	効果
③	セミナー等の活用	知識の習得、幅広い視野を育成

後継者を対象とした外部機関によるセミナーがある。経営者に必要とされる知識全般を習得でき、後継者を自社内に置きつつ、幅広い視野を育成することができる。

〔中小企業庁『中小企業 事業承継ハンドブック～これだけは知っておきたいポイント29問29答～平成22年度税制改正対応版』（平成22年7月）を変用〕

3. 後継者への引き継ぎ方

子供など後継者へのバトンタッチの方法には、**「代表の座の移転」**と**「自社株などの所有権の移転」**があります。そのうち自社株などの所有権の移し方については（イ）**生前贈与**、（ロ）**親子間売買**、（ハ）**相続**があります。この移し方によってかかる税金が変わってきますので、できるだけ早めの検討と対策が必要になります。

（1）代表の座の移転

①いきなり全権を移譲すると混乱の原因

「代表の座の移転」とは、すなわち代表取締役としての地位を移転することですが、基本的に新しい経営者は新しいことをやりたがり、自分の独自色を出そうとするものです。したがって、いきなり全権を移譲すると、社内外に混乱を生む原因となってしまいます。

②先代社長と後継者が併走できる期間が必要

社内外の混乱を避けるためには、先代社長と後継者が併走できる期間を設けることが必要です。先代社長がフォローすることにより、代が替わっても、社員は安心して働き続けることができ、取引先も安心して付き合いを続けることができます。

そのためには、なるべく早く事業承継を行うことが必要です。先代が高齢になり機動的に動けなくなってからの事業承継では、しっかりとしたフォローができません。また、事業承継を行わないうちに、社長が認知症等を発症してしまった場合には、重要な業務がストップし、最悪の場合は廃業へと追い込まれる可能性も出てきてしまいます。

〔代表の座の移転における留意点〕

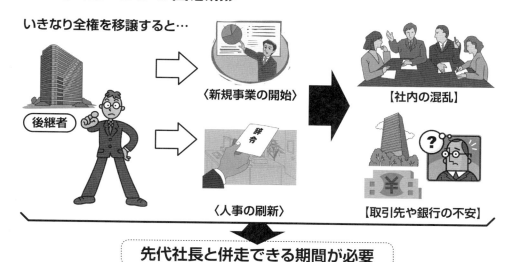

(2) 自社株などの移転

①知っておかなければならない"税金"のこと

　事業承継のためには、税金のことも知っておかなければなりません。優良な非上場会社の株式評価額は、思っている以上に高額となっていて、相続税が高いことが想定されます。相続税の最高税率が55%であることから、"相続が3代続くと財産が無くなる"とまで言われています。しかし、これは生前に何も対策を行わなかった場合であり、早めの対策を行うことで、財産をより多く残すことが可能になります。相続税が原因で会社を潰さないためにも、早めの対策を行いましょう。

　その対策の一つとして、後継者に自社株や事業用資産の所有権を移転する方法がありますが、その移し方は、主に以下の3つの方法があり、それぞれ課される税金の種類も異なります。

　　（イ）生前贈与 …… 贈与税がかかる（税率10%～55%）
　　（ロ）親子間売買 …… 譲渡所得税・住民税がかかる（原則税率20.315%）
　　（ハ）相続 ………… 相続税がかかる（税率10%～55%）

②自社株の移し方のポイント

（イ）生前贈与、（ロ）親子間売買、（ハ）相続の自社株の移し方を考える上でのポイントは次のとおりです。

（イ）生前贈与

贈与は、"相続税の負担"と"贈与税の負担"とのバランスを考えて実行する必要があります。また、生前贈与には、(ⅰ)暦年課税制度と、(ⅱ)相続時精算課税制度による贈与の方法があります。事業承継を考えた場合、将来値上がりが予想される自社株については、相続時精算課税制度を活用すると、税金上の効果が大きく得られるケースがあります。

なお、生前贈与は、特別受益として遺留分減殺請求の対象になりますので、後継者以外の子供に対しては、他の財産を手当てするなどの配慮が必要です。

〔暦年課税制度と相続時精算課税制度の比較〕

項　目		（ⅰ）暦年課税制度（※）	（ⅱ）相続時精算課税制度
適用対象者	贈与者	制限なし	60歳以上の親・祖父母（その年の1月1日現在）
	受贈者		20歳以上の子供・孫（その年の1月1日現在）
非課税枠		年間110万円	一生涯で2,500万円
税　率		非課税枠を超えた金額に対して10%～55%（超過累進税率）	非課税枠を超えた金額に対して**一律20%**
申　告		贈与税額がある場合には申告が必要	必ず届出及び申告が必要
相続税との関係		相続開始前3年以内に贈与したものに限り相続財産と合算	すべて相続財産と合算
相続時に加算される価額		贈与時の時価（相続税評価額）	
継続適用			一度選択したらその後、その贈与者からの贈与については相続時精算課税制度が継続して適用されます（以後暦年課税制度の適用不可）

（※）　直系尊属から20歳以上の者への贈与については、特例贈与制度が利用できます。

〔生前贈与のメリット・デメリット〕

メリット	後継者は贈与税の資金調達だけで済みます。（相続財産と合算する場合を除く）
デメリット	生前贈与は特別受益として遺留分減殺請求の対象となります。

（ロ）親子間売買

親子間売買は、適正価額で行われれば、生前贈与のように遺留分減殺請求の対象にはなりませんので、その意味での親族間の争いは避けることができます。

しかし、売買である以上、購入資金が必要となります。親子間での売買の場合には、相続税評価額で売買するケースが多く、その場合、後継者に相続税評価額相当の手持ち資金があれば問題ありませんが、手持ち資金がない場合には、その資金を調達しなければなりません。

また、売却側であるオーナーにとっては、取得価額よりも売却価額が大きい場合には、売却益に対して原則として20.315%の譲渡税（所得税15.315%・住民税5%）がかかります。

〔親子間売買のメリット・デメリット〕

メリット	適正価額での売買であれば、遺留分減殺請求の対象となりません。
デメリット	後継者は、株式の購入代金について資金調達をしなければなりません。

（ハ）相続

相続での取得の場合、遺言書などで後継者に自社株や事業用資産を相続させる旨を決めておかない限り、遺産分割協議が必要となり、後継者以外の相続人にもそれらの資産を取得する権利が生じてしまいます。したがって、この場合には、遺留分を考慮した上で、遺言書を作成することをおすすめします。

なお、相続税の税率は、最高55%の超過累進税率になりますので、ご自身の相続税をきちんと認識したうえで、生前贈与、親子間売買、または、相続のいずれの方法が、税金上、有利なのかを把握しておく必要があります。

〔相続のメリット・デメリット〕

メリット	遺産総額が相続税の基礎控除額以下であれば、税負担なく取得できます。
デメリット	・遺言がなければ、遺産分割協議成立まで株主が確定しませんので、株主総会の運営に支障をきたす可能性があります。 ・遺言がなければ、経営に関与していない相続人に株式が分散し、後継者が安定した経営権を確保できない可能性があります。 ・相続が開始した日の直前期の決算数値を基にして株価を計算しますので、直前期の業績がよかった場合には、株価が高く計算され、相続税の負担が重くなる可能性があります。

③自社株の評価額が一番低い時に移すのがポイント

自社株の評価額は、その時の会社の業績や過去の利益の蓄積（純資産額）によって大きく左右されます。つまり、移転する時期によって評価額が大きく異なりますので、評価額がなるべく低い時期に移すのがポイントとなります。例えば、オーナーの引退に伴い退職金を支給する場合には、退職金相当額の利益が圧縮されるため、通常株価は低くなり、自社株を後継者に移す絶好のチャンスといえます。

④納税資金を考えた対策

もう一つのポイントは、将来オーナーに万一のことがあった場合に、相続税を支払えるかどうかです。相続税は、原則として現金で一括納付をしなければなりません。自社株については、一般的に換金性がないことから、相続税の納税資金をどのように捻出するかがポイントになります。納税資金が不足する場合、会社が自社株を買い取ることや、物納や延納なども視野に入れて考えなければなりません。納税資金の捻出方法に関しては、P44．第3章の7「納税資金対策」をご参照下さい。

〔自社株などの所有権移転における留意点〕

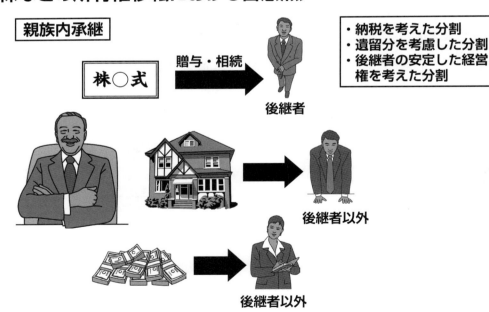

（3）オーナーと後継者の事業承継におけるギャップの解消

　事業承継を円滑に行おうと思っても、些細なことでオーナーの意見と後継者の意見とがぶつかってしまい、承継が進まないケースがよくあります。そうなってしまっては本末転倒ですので、そのギャップの解消方法を検討してみます。

①オーナーから見た事業承継、後継者から見た事業承継

【オーナー側の意見】
○自分が築きあげてきたものを任せるにはまだまだ不安である。
○自分と同じような苦労をしていないのに、口ばかり達者で生意気である。

【後継者側の意見】
○既に別の会社でサラリーマンをしており、社長になりたくない。
○社長として会社を経営していく自信がない。
○引退しても先代が口うるさそうで面倒である。

②ギャップを埋めるためには？

【オーナー側に求められること】
○スムーズな事業承継のための環境を作る。
　・会社の未解決問題をそのままにしない（大きな借金の存在などは明らかにしておく）。
　・兄弟姉妹、親族争いの火種を消しきる。
○うるさく口は出さないが、目は離さず、必要な時は助言する。

【後継者側に求められること】
○独自色を出すことに固執せず、先代が作り上げてきたものに敬意を表する。
○一人で突っ走らず、重要な問題は先代に相談する。

オーナーと後継者がともに、それぞれの役割の違いを認識し、お互いを尊重し合うことが重要!!

MEMO

第2章
自社株の評価方法

1. 自社株評価の概要

> **自社株の評価は、以下の方法により行います。**
> （1）同族間の相続や贈与に適用される評価方法
> 　　　原則的評価方式（純資産価額方式、類似業種比準価額方式）
> （2）少数株主に適用される評価方法
> 　　　例外的評価方式（配当還元方式）

（1）同族間の相続や贈与に適用される評価方法

　　会社を支配している同族株主が、相続や贈与により取得する株式については、原則的評価方式が適用されます。この場合、「純資産価額方式」、「類似業種比準価額方式」または2つの折衷方式により評価します。

純資産価額方式
会社の資産の額から負債の額を控除した純資産価額を自社株の価値（清算価値）とする方法です。

類似業種比準価額方式
類似する事業を営む上場会社の株価に、配当・利益・純資産の3要素を比準して自社株を評価する方法です。

　　　　　　　　　　　　　　　　　　}　**原則的評価方式**

（2）少数株主に適用される評価方法

　　少数株主や同族でない株主は、支配権を行使することがその保有目的ではなく、配当の受取りを目的とすることから、例外的評価方式である「配当還元方式」により、その株価を評価します。

配当還元方式
配当金額を一定の利率（10%）で還元した価額を自社株の価値とする方法です。

　　　　　　　　　　　　　　　　　　}　**例外的評価方式**

2. 原則的評価方式による評価

> 原則的評価方式による評価は、以下の流れに沿って行います。
> ① 会社規模の判定
> ② 特定会社の判定
> ③ 株式の評価方法の決定

(1) 原則的評価方式の評価の流れ

原則的評価方式における評価方法の判定は次のとおり行います。

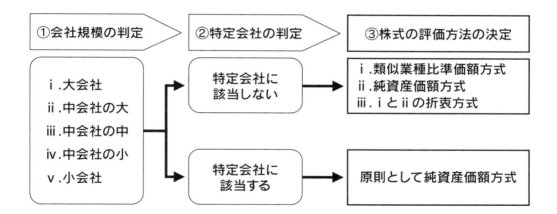

①会社規模の判定

会社規模は、評価会社の「従業員数」「総資産価額（帳簿価額）」「取引金額（売上高）」により判定し、大会社、中会社、小会社に区分します。

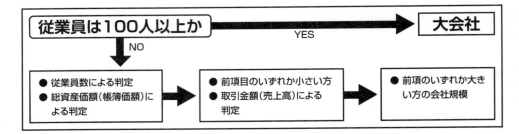

〔会社規模の判定表〕

会社の規模		従業員数	総資産価額（帳簿価額）			取引金額（売上高）		
			卸売業	小売・サービス業	左記以外の業種	卸売業	小売・サービス業	左記以外の業種
大会社		100人以上						
		50人超	20億円以上	10億円以上		80億円以上	20億円以上	
中会社	大		14億円以上	7億円以上		50億円以上	12億円以上	14億円以上
	中	30人超	7億円以上	4億円以上		25億円以上	6億円以上	7億円以上
	小	5人超	7千万円以上	4千万円以上	5千万円以上	2億円以上	6千万円以上	8千万円以上
小会社		5人以下	7千万円未満	4千万円未満	5千万円未満	2億円未満	6千万円未満	8千万円未満

②特定会社の判定

特定会社とは、比準要素数1の会社・株式保有特定会社・土地保有特定会社・開業後3年未満の会社・直前期末をもとに3要素ゼロの会社・開業前または休業中の会社・清算中の会社をいいます。

特定会社に該当する場合には、会社規模に関わりなく、原則として純資産価額方式で評価します。

③株式の評価方法の決定

特定会社に該当しない場合には、会社規模により評価方法が異なります。大会社の場合、類似業種比準価額で評価し、中会社、小会社の場合は、類似業種比準価額と純資産価額を折衷して評価します。会社規模により、この折衷する割合に違いがあります。なお、これらの評価額と純資産価額とを比べて、低いほうの価額により評価することもできます。

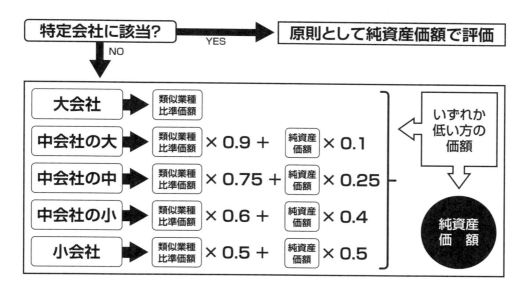

Point

一般的に、類似業種比準価額の方が純資産価額よりも低い場合が多く、類似業種比準価額の使用割合が大きいほど、自社株の相続税評価額は低くなると考えられます！

3. 類似業種比準価額の計算

> 類似業種比準価額方式では、評価会社の
> ①「配当」、②「利益」、③「純資産」
> の3要素を基準に類似する業種の上場会社の株価に比準して、株価を計算します。

(1) 類似業種比準価額の計算方法

　類似業種比準価額方式とは、類似する業種の上場会社の株価に比準して自社株の評価額を計算する評価方法をいいます。株価の価格形成要素としては、配当や利益、純資産価額のほか、事業内容や将来性、経営者の手腕などがあり、これらすべての項目を比準することが望ましいのですが、数値として把握することが難しいため、最も基本的な要素である評価会社の配当・利益・純資産をもとに計算します。

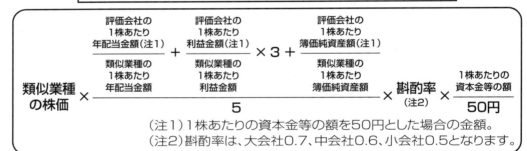

類似業種比準価額の計算式

（注1）1株あたりの資本金等の額を50円とした場合の金額。
（注2）斟酌率は、大会社0.7、中会社0.6、小会社0.5となります。

(2) 類似業種比準価額のポイント

①比準する3要素は「配当」「利益」「純資産」です。

> 比準する類似業種に比べて自社の3要素が高い場合には、結果として自社株の評価額も高くなります。また、業種目は、評価会社の主たる業種目により判定することになります。複数の業種目を兼業している場合には、単独の業種目の取引金額が50%を超える業種目により判定します。

② 3要素は、原則として直前期・直前々期の決算数値を使用します。

> 決算期をまたぐと比準要素が変わり株価も変わります。つまり、決算での業績が株価に影響します。

③ 3要素のうち「利益」は3倍に加重して比準されます。

> 3要素のうち「利益」は3倍に加重して比準されますので、「利益」の株価に与える影響が最も大きいといえます。

(3) 計算例

本郷商事㈱の類似業種比準価額を計算してみましょう。

【会社の概要】

業　種	卸売業
会社規模	中会社の中
発行済株数	2,000株
1株あたりの資本金等の額	50,000円

【類似業種比準価額を計算するための値】

本郷商事㈱

1株あたりの年配当額	4円
1株あたりの年利益金額	60円
1株あたりの純資産額	600円

類似業種（卸売業）

1株あたりの年配当額	2円
1株あたりの年利益金額	20円
1株あたりの純資産額	150円
株　価	150円

計算式

$$150円 \times \frac{\frac{4円}{2円} + \frac{60円}{20円} \times 3 + \frac{600円}{150円}}{5} \times 0.6 \times \frac{50,000円}{50円} = 270,000円$$

➤ 類似業種比準価額は、270,000円となります！

4. 純資産価額の計算

> 純資産価額方式は、会社の資産の額から負債の額を控除した純資産価額を自社株の価値とする方法です。つまり、会社の清算価値に着目した評価方法となります。

(1) 純資産価額の計算方法

純資産価額方式とは、会社の資産および負債を相続税評価額に評価替えして、株価を計算する方法をいいます。具体的には、以下のように計算します。

純資産価額の計算式

$$\frac{純資産(帳簿価額)+\{含み益^{※1}×(1-37\%)^{※2}\}}{発行済株式数}$$

＜純資産価額のイメージ図＞

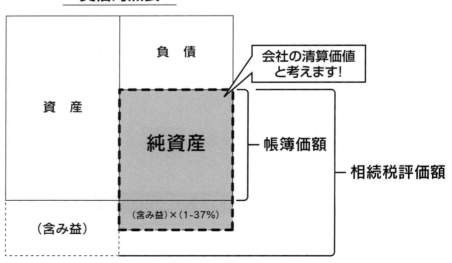

※1 含み益→相続税評価額による純資産価額から帳簿価額による純資産価額をマイナスすることにより計算します。また、含み損となる場合には、帳簿価額による純資産価額からその含み損となる金額を減額します。

※2 37%→会社が解散したものと仮定した場合の法人税等の税率です。

(2) 計算例

本郷物産㈱の純資産価額を計算してみましょう。

【会社の概要】

業　種	サービス業
会社規模	大会社
発行済株数	2,000株

【貸借対照表と相続税評価額】

貸借対照表

土地	1億円	借入金	4億円
その他資産	9億円	資本金	1億円
		別途積立金等	5億円
合計	10億円	合計	10億円

【相続税評価額】

土地	：	5億円
その他資産	：	9億円
借入金	：	4億円

①純資産(帳簿価格)は？ 　6億円

②含み益は？

相続税評価による純資産	帳簿価額による純資産	含み益(差額)
10億円	6億円	4億円

③計算式

$$\frac{6億円 + 4億円 \times (1 - 37\%)}{2,000株} = 426,000円$$

純資産価額は、426,000円となります！

5. 特定会社の株式の評価

> 自社株の評価は、通常、原則的評価方式により評価することとされています。しかし、評価対象となる会社が、一般の評価会社の状況と異なる場合があり、原則的評価方式では適正な評価ができないケースがあります。この場合、原則として、純資産価額方式により株価を計算することになります。

(1) 特定会社に該当する場合

特定会社とは、比準要素数1の会社・株式保有特定会社・土地保有特定会社・開業後3年未満の会社・直前期末をもとに3要素ゼロの会社・開業前または休業中の会社・清算中の会社をいい、一般の評価会社と異なり、原則として純資産価額で評価することになります。以下、株式保有特定会社と土地保有特定会社に該当する場合を紹介します。

(2) 株式保有特定会社

相続税評価額による総資産に占める株式の割合が、50%以上である場合には、株式保有特定会社に該当します。

会社の規模	大会社(※)	中会社	小会社
総資産に占める株式の保有割合	50%		

(※) 従来25%でしたが平成25年5月27日より50%となりました。

(例) 貸借対照表

株式	6億円	資本金	10億円
その他資産	4億円		
合計	10億円	合計	10億円

$$\frac{株式\ 6億円}{総資産\ 10億円} = 60\% \geqq 50\%$$

∴ 株式保有特定会社に該当します。

(3) 土地保有特定会社

相続税評価額による総資産に占める土地の割合が、次に該当した場合には、土地保有特定会社に該当します。

会社の規模	大会社	中会社	小会社
総資産に占める土地の保有割合	70％以上	90％以上	（注）

（注）総資産価額基準が大会社に該当するもの…70％以上
　　　総資産価額基準が中会社に該当するもの…90％以上

（例）

貸借対照表

土地	8億円	資本金	10億円
その他資産	2億円		
合計	10億円	合計	10億円

（大会社の場合）

$$\frac{土地\quad 8億円}{総資産\quad 10億円} = 80\% \geqq 70\%$$

∴土地保有特定会社に該当します。

> **Point**
>
> 貸借対照表の中で、株式や土地の割合が高い場合には、株式・土地保有特定会社の検討をしましょう！

6. 配当還元価額の計算

> 同族株主以外の株主や少数株主が取得した株式については、会社の規模にかかわらず、原則として、例外的評価方式である配当還元価額により株価評価を行うこととなります。

(1) 配当還元価額の計算方法

配当還元価額は、直前期末以前2年間の年配当金額をもとに計算します。この場合、特別配当や記念配当などの毎期継続しない配当を除いて計算をします。

配当還元価額の計算式

$$\frac{その株式に係る年配当金額^{※1,2}}{10\%} \times \frac{その株式の1株あたりの資本金等の額}{50円}$$

※1 年配当金額は1株あたりの資本金等の額を50円とした場合の配当金額となります。
※2 年配当金額が、2円50銭未満の場合には2円50銭となります。つまり、無配当であったとしても、株価は0円ではなく、年配当金額を2円50銭で計算した金額となります。また、中間配当を行っている場合には、中間配当と期末配当の合計額が1年間の配当金額となります。

(2) 計算例

本郷産業㈱の配当還元価額を計算してみましょう。

【配当金額】

前年の年配当金額※	300円
前々年の年配当金額※	400円
1株あたりの資本金等の額	500円

※1株あたりの資本金等の額を50円とした場合

① その株式に係る年配当金額は？　$\dfrac{300円+400円}{2} = 350円$

② 計算式　$\dfrac{350円}{10\%} \times \dfrac{500円}{50円} = 35,000円$

配当還元価額は、35,000円となります！

第3章
自社株対策の具体的方法

1. 自社株対策の必要性

未上場会社のオーナーに、自社株の評価額を把握しないまま相続が発生してしまうと、後継者が思わぬ相続税の負担を強いられる場合があります。
それに対し後継者が納税資金を準備できなければ、「相続税破産」という状態になり会社経営に支障をきたし従業員にも影響が及ぶこともあります。
そこで、現在の自社株の評価額を把握し、将来の相続税の税負担を考慮しつつ後継者にスムーズに自社株を承継できるプランを考えておくことが重要です。

(1) 自社株は今いくらか

ご自身の所有する株式が現在どの位の評価額になっているのかを確認しましょう。

また、自社株の評価額だけでなく、その評価方法についても理解を深めておくことが重要です。

(2) 自社株の評価を引き下げるにはどうすればいいか

評価を通じて会社の状況を把握し、それにより株価を引下げる対策を練っていきます。ただし、対策の前提として、会社経営に影響の少ないものを選択します。

次ページ以降に、具体的な評価引き下げ方法を挙げています。

事業を後継者に承継するには、自社株の評価額が高すぎて、税金の負担が大きすぎる…

相続が起きたときの納税資金がないんだけれど、どうすればいいか

2. オーナーに対する退職金の支払い

> オーナーの役員退任に伴い、退職金を支給することで、次のような効果が期待できます。
> （1）退職金支給により会社財産が減少し、自社株の評価が下がります。
> （2）退職金を支給した事業年度の利益が減少し、自社株の評価が下がります。
> （3）オーナーは低い税負担で現金を得ることができます。

（1）退職金支給による自社株の評価減

　　オーナーに退職金を支払うと、会社財産が減るとともに、退職金を支給した事業年度の利益が減少し、自社株の評価も下がります。オーナーの役員在任期間が長いと、支給する退職金も多額になることが多く、自社株の評価額に与える影響も大きくなります。

　　自社株の評価が下がったタイミングで、相続時精算課税制度を活用して後継者に自社株を贈与すると、少ない税負担で次世代に株式を移転することができます。

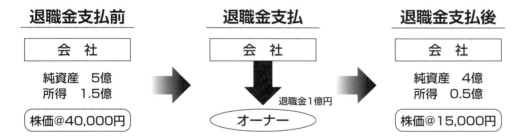

（2）退職金に対するオーナーの税負担

　　退職金は長年の労働の対価であり、老後の大切な生活資金になります。そのため、税金面で特別な優遇規定が設けられており、税負担は低く、手取り額が大きくなります。

$$（退職金 － 退職所得控除）\times 1/2 \text{（※）} = 退職所得$$
$$退職所得 \times 税率 = 税負担額$$

※役員等勤続年数が5年以下の者が受ける一定の退職手当等については2分の1しません。

(3) 退職金の財源準備

オーナーが創業者であると役員としての在任期間が長く、支給する退職金も多額になることがあります。役員退職金が損金（経費）に認められるためにも、未払計上はせず、一括で支給しておくことが望ましいです。事前に保険を活用して積立てたり、航空機リース等を活用するなど、運転資金に影響を与えないよう、資金調達の方法を検討しておく必要があります。但し、保険解約返戻金又は航空機売却収入により退職金による利益減少効果が相殺され、株価対策効果が十分発揮されない可能性がありますので注意が必要です。

①生命保険の活用（逓増定期保険）

将来の退職を見据えて、法人を契約者、オーナーを被保険者として生命保険に加入します。保険料が損金に算入されること（ただし、条件により1/2損金算入、1/3損金算入など異なります。）、解約返戻率が高いことを考慮し逓増定期保険を活用します。

退職時に保険を解約すると法人では解約返戻金が収入となりますが、同じ事業年度に、オーナーへの退職金を支給することで多額の経費が発生しますので、収入と相殺することができます。

②航空機リースの活用

航空機リースとは、リース会社等が出資者から資金を募り、リース資産を取得し、これを賃貸する取引です。出資者は、持分に応じてリース資産に関するリース収入や減価償却費等の経費を認識します。リース期間の前半は減価償却費等の経費が大きくなり、リース期間の満了時にリース資産の売却により多額の利益が発生しますが、同じ事業年度に、オーナーへの退職金を支給することで多額の経費が発生しますので、収入と相殺することができます。

3. 資産管理会社の設立

> オーナー所有の株式をオーナーの子供が設立した資産管理会社に売却することで、次のような効果が期待できます。
> （1）将来の株価上昇の影響を抑制します。
> （2）オーナーの持株数が減少します。

　オーナーの子供が資産管理会社を設立し、その資産管理会社がオーナー所有の会社の株式を買い取ります。これにより、今後は、子供が会社の株式を資産管理会社を通じて保有することになります。資産管理会社設立の効果は次の2つです。

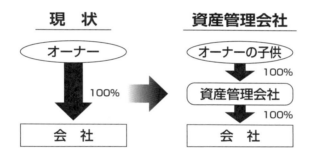

（1）将来の株価上昇の抑制

　資産管理会社への株式の移転は譲渡時の時価で行いますが、その後会社が成長した場合、株式移転時の時価から値上がりした部分については、資産管理会社の株式評価の際に37％が減額されます。
　したがって、株式を資産管理会社を通じて保有することで、今後の株価上昇分のうち約4割について、減額することが可能となります。

（2）オーナーの持株数の減少

　資産管理会社に株式を売却することで、オーナーの持株数が減少します。また、資産管理会社の株主を子供とすることで、オーナーの相続財産から自社株を切り離すことができます。

4. 高収益部門の分社化

会社の事業のうち高収益部門を分社化することで、次のような効果が期待できます。

(1) 高収益部門を後継者の会社に事業譲渡する場合
　　後継者の会社の株価は上昇しますが、オーナー所有の会社の株価は下がります。
(2) 高収益部門を会社分割により子会社化する場合
　　新設子会社の株価は上昇しますが、親会社の株価は低く評価できます。

(1) 高収益部門を後継者の会社に事業譲渡する場合

後継者が新設会社を設立し、そこに、高収益部門である製造・販売部門を事業譲渡します。

この結果、事業譲渡後は、後継者の会社（新設会社）の株価は上昇しますが、オーナー所有の会社（A社）の株価は低く評価できます。

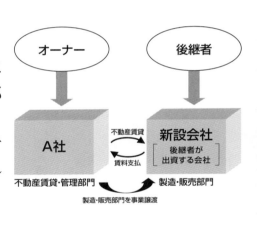

(2) 高収益部門を会社分割により子会社化する場合

100％子会社を新設すると同時に、高収益部門である製造販売部門を、その子会社に移転します。この会社分割により、現在のA社は、本業を行う新設子会社の持株会社となります。

この結果、新設子会社の株価は上昇しますが、親会社であるA社の株価は低く評価できます。

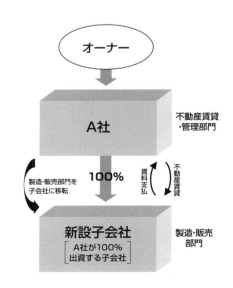

5. 従業員持株会の活用

> オーナー所有の株式を従業員持株会に譲渡することで、次のような効果が期待できます。
> (1) オーナーの所有株式数が減少し、相続財産が減少します
>   （配当還元価額による移動が可能です）。
> (2) 安定株主の確保と社外流出防止となります。
> (3) 従業員の福利厚生となります。

(1) オーナーの相続財産の減少

　従業員持株会制度とは、福利厚生目的として、従業員が自社株を取得・保有する制度をいいます。非上場会社が、この制度を導入する大きな理由として、オーナーの相続対策が挙げられます。

　オーナーの所有する株式は、原則的評価方式により高く評価され、相続税が高額になる可能性があります。そこで、従業員持株会を設立し、自社株を譲渡すれば、オーナーの持ち株数は減少します。そして、従業員に自社株を譲渡する際は、配当還元価額による移動が可能であるため、従業員持株会に自社株を譲渡することで、オーナーの相続財産は減少します。

(2) 安定株主の確保と社外流出防止

　従業員は、一般的に会社にとって安定株主として期待できることから、従業員持株会には安定株主の確保というメリットもあります。また、従業員が退職する場合には従業員持株会規約においてそれを買い取る旨を規定することができるため、自社株の社外流出を防止できます。

（3）従業員の福利厚生

　従業員持株会は、従業員のモチベーションを上げる効果もあります。従業員自身の頑張りにより、会社の業績が伸びれば、配当金という形で自分に見返りがあるためです。従業員持株会にはこのような福利厚生としての一面があります。

　しかし、その反面、株主が増えることにより会社の経営に支障をきたすおそれがあります。この対策として、オーナーが従業員持株会に株式を譲渡する際には、経営に影響がでないように、譲渡する株式を「配当優先・無議決権株式」などにするとよいでしょう。

（4）具体例

　オーナーの所有する株式の一部を従業員持株会へ譲渡することで、オーナーの相続財産が減少します。

（前提）
- 自社株評価額　原則的評価額　10,000円
　　　　　　　　配当還元価額　　1,000円
- オーナーの所有株式数
　30,000株（うち3,000株を従業員持株会に譲渡）

（イメージ図）

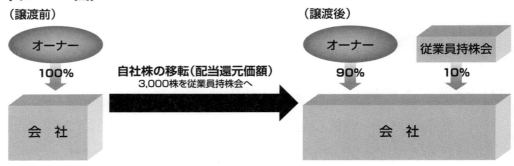

（効果）

【オーナーの相続財産】

所有株式数	30,000株
評価額（原則的評価）	3億円
合計	3億円

【オーナーの相続財産】

所有株式数	27,000株
評価額（原則的評価）	2.7億円
譲渡代金	300万円
合計	2.73億円

2,700万円減少

6. 種類株式の活用

会社法では、様々な特徴を持った複数の種類の株式を発行することができます。この「種類株式」をうまく活用することで、事業承継に役立てることができます。

(1) 配当優先・無議決権株式の活用

会社法では、非公開会社において、発行制限なしに配当優先・無議決権株式を発行できます。このような株式を発行するためには、株主総会の特別決議（*）により、その内容を定款に定める必要があります。

（*）特別決議・・・議決権の過半数を有する株主が出席し、出席株主の議決権の2/3以上により決議されます。

①後継者に議決権を集中させることができます

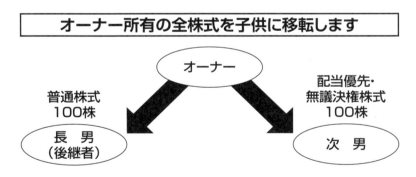

- 後継者である長男は議決権を100％保有し、会社の実権を握ることができます。
- 次男は、議決権はない代わりに配当を優先的に受けることができるため、不満を抑えられます。

②オーナーの議決権割合を高めることができます

従業員持株会の株式を配当優先・無議決権株式に変更します

	議決権割合
オーナー	49%
役員持株会	11%
従業員持株会	40%
合　計	100%

→

	議決権割合
オーナー	82%
役員持株会	18%
従業員持株会	0%
合　計	100%

・結果として、オーナーの議決権割合が2/3を超えることになります。

（注）既存の株式の一部を変更する際には、株主総会の特別決議に加え、全株主の同意が必要となります。

(2) 黄金株の活用

　黄金株とは、株主総会や取締役会の決議事項に対して、一定の拒否権が認められた種類株式です。

＜株式移転後もオーナーの影響力を残すことができます＞

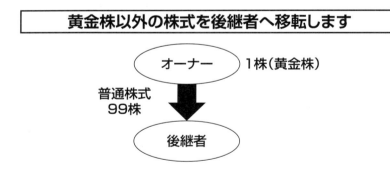

・後継者の独断専行経営を防止できます。

【黄金株導入の留意点】

①黄金株の導入には、株主総会の特別決議が必要になります。

また、拒否権の発動の対象となる決議事項は、自由に定めることができます。例えば、役員の選任権について拒否権を有するものとしたり、株主総会の決議事項の全てについて拒否権を有するものとしたりと、活用は様々です。

普通株主総会 ⇒ 種類株主総会 NO！

②黄金株が誤って第三者に移転してしまうと、それだけで大きな脅威となります。

そこで、下記のような対策が必要です。

・遺言（※）により承継先を事前に決めておく
・この株式を取得条項付種類株式として発行する

（※）遺言書の比較表

項目	（ⅰ）公正証書遺言	（ⅱ）自筆証書遺言
作成者	公証人	遺言者本人
証人・立会人	2人以上	必要なし
印鑑	実印	認印可
保管	原本は公証役場が保管	遺言者本人
検認手続	不要	家庭裁判所にて必要
費用	作成手数料	なし

（3）相続人などに対する売渡請求権の活用

　相続や合併などにより、その会社の譲渡制限株式を取得した者に対し、その株式を、発行会社に売り渡すことを請求する旨を定款で定めることができます。

【注意点】
①売渡請求期限
　相続等があったことを知った日から1年以内に、株主総会の特別決議を経て請求する必要があります。

②売買価格
　売買価格は当事者間の協議によりますが、不調の場合には売渡請求日から20日以内に限り、裁判所に価格決定の申立てができます。

③財源規制
　分配可能額を超える買取はできません。

＜株主の分散を防止することができます＞

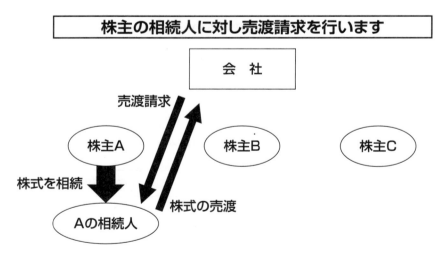

・事業運営上好ましくない者への株式の移転を防止し、経営を安定させることができます。

〔種類株式の一覧〕

	種類株式	ポイント
1	譲渡制限株式	その株式の譲渡による取得について会社の承認が必要であるように定めることができます。
2	取得条項付株式	ある株式を、一定の事由が生じたときに会社が株主に株式売渡請求をすることができる株式とすることができます。
3	全部取得条項付株式	会社が株主総会の決議によりその全部を取得することができます。
4	議決権制限株式	一定の事項についてのみ決議に参加できる株式を定めることができます。（無議決権化も可能）
5	拒否権付種類株式（黄金株）	株主総会・取締役会決議で決議すべき事項で、これらの決議のほか、拒否権をつけた株式の株主総会の決議が必要とすることができます。
6	役員選任権付株式	取締役または監査役の選任権を特定の株式に付与することができます。
7	取得請求権付株式	株主が会社に株式の買取をするよう請求することができる権利を付けられます。
8	（剰余金の）配当優先株式・劣後株式	配当金を多く出す株式・少なく出す株式を決めることができます。
9	（残余財産の）分配優先株式・劣後株式	解散時の残余財産を多く出す株式・少なく出す株式を決めることができます。

7. 納税資金対策

> 非上場会社の株式は市場での取引が行われていないため、換金性が低い財産です。しかし、発行会社への譲渡や物納を行うことにより、相続税の納税資金対策になります。

（1）金庫株の活用

　　平成 13 年の商法改正から、現在の会社法において会社は自己株式を自由に取得・保有することができるようになりました。

　　＜相続した自社株の発行会社への譲渡＞

相続により取得した自社株を発行会社へ譲渡します

```
           会　社
            ↑
被相続人   相続した自社株を譲渡
   ↓
自社株を相続
   ↓
  相続人
```

・換金が困難な自社株をお金に換え、相続税の納税に充てることができます。

◎みなし配当の不適用

通常、株式をその発行会社に譲渡した場合には、資本金等の額を超える部分については、「みなし配当」と呼ばれ、配当金としての課税（総合課税・最高税率55.945％）が行われ、税負担が重くなります。しかし、下記の要件を満たす者が、相続により取得した自社株を発行会社へ譲渡した場合には、みなし配当にはならず、全額が譲渡所得として課税（分離課税・税率20％（平成25年1月以降は復興財源税制として2.1％加算））されます。

①相続又は遺贈により財産を取得し、納付する相続税があること
②相続税の申告期限後3年以内に譲渡すること

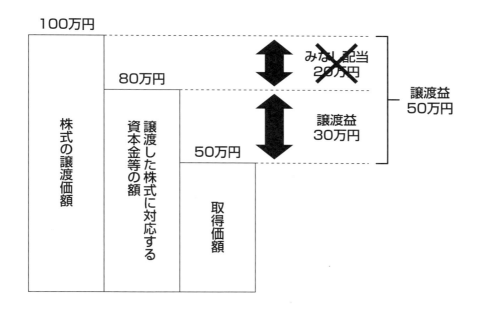

◎相続税の取得費加算の特例

相続財産について相続税の申告期限後3年以内に譲渡した場合には、譲渡所得の計算上控除する取得費に、譲渡した資産に対応する相続税額が加算され、譲渡所得税の負担を軽減することができます。

(2) 物納の活用

平成18年の税制改正により、物納財産が明確化され、非上場株式の物納が容易になりました。

◎物納の要件（金銭納付困難事由）

相続税は、原則として金銭で一括して納めなくてはなりません。一括納付できない部分については、最大20年の分割払いによる延納を検討し、延納によっても金銭で納税できない部分の税額に限り、物納が認められます。

◎物納財産の順位

物納に充てることができる財産には、順位があります。
第1順位：国債・地方債・不動産・船舶
第2順位：社債・株式・証券投資信託又は貸付信託の受益証券
第3順位：動産

自社株は第2順位に該当することから、物納に充てることができる国債や不動産などがない場合に限り、物納に充てることができます。
（注）譲渡制限株式は物納することができません。物納するためには定款の変更などが必要となります。

◎物納後の処分

物納された自社株は、原則として一般競争入札により処分されます。
好ましくない者に株式が渡らないようにするためには、「随意契約適格者」（物納申請者、その発行会社、主要株主、役員など）が一定の書類を提出し、原則として収納日から1年以内に買い戻す必要があります。

8. 信託制度の活用

> オーナーが後継者に自社株を移転しても、民事信託を活用することで、オーナーが自社株の議決権を維持しつつ、実質的な財産の帰属を後継者とすることができます。

(1) オーナーの悩み

　自社株の評価が下がったタイミングで、子どもなどの後継者に自社株を贈与又は譲渡すると、少ない税負担で次世代に財産を移転することができます。ただし、そのタイミングで子どもが後継者として十分に成長していれば権限移譲ができますが、一方で、後継者として未熟な場合には、自社株を早期に移転してしまうことにより、株主総会で議決権を行使できる権利としての経営権（議決権）を保有させることにもなり、会社を支配できる権利を与えることになります。自社株の移転コストを抑えるという意味で合理的な反面、経営権を早期に与えてしまい後継者が暴走してしまうということもあり、自社株についてはまだ譲ることができないというご相談が多く、悩みを抱えています。

(2) 信託（民事信託）とは

　信託とは、「委託者」が自分の財産を信頼できる人（受託者）に託して、その目的にしたがって管理、運用、処分を行い、その財産から生じる利益は、「受益者」に給付するものです。民事信託は、これを家族間等で行うものです。

　この信託を設定しますと、財産の経済的な所有者と、財産の管理者とが分断されて、経済的な所有者が「受益者」であり、管理者が「受託者」となります。「受託者」は単に財産を預かってその管理をしているだけで、「受益者」が実質的な所有者になります。税務上は、「受益者」に信託財産が帰属しているものとして課税がされます。そのため、

税務上は原則として、「委託者」から「受益者」へ財産の移転（贈与）があったものとみなして受益者に贈与税がかかります。

（3）事業承継における信託の活用

この民事信託を利用した事業承継への活用については、いくつか手法がありますが、代表的な手法として、例えば、オーナーである父が委託者かつ自ら受託者となり、配当金等の分配を受ける受益者を後継者である長男とすることにより、議決権は父が自ら引き続き行使することができます。一方、長男を受益者としていますので、実質的な財産の帰属は長男であり、この段階で後継者に贈与税がかかります。信託の設定を株価が低いタイミングで行えば、後継者の贈与税の負担も低く抑えることができます。

また、信託の内容を、後継者の成長度合いに応じて、例えば信託期間を10年間として、期間経過後は議決権を後継者へ譲るなどの柔軟な設定も可能です。

なお、この自らが受託者となる信託を「自己信託」といいますが、この設定についてはオーナー自らが公正証書の作成によって設定することが可能です。

【自社株の信託（自己信託）】

～生前贈与代用としての信託の流れ～

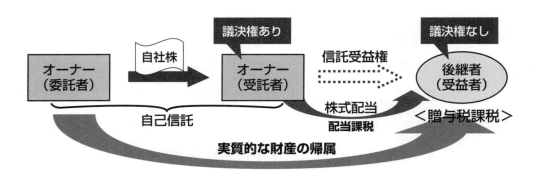

<ポイント>

①オーナーが委託者として自社株を信託し自らが受託者となり、かつ、後継者を受益者とすることで、オーナーが議決権を確保しつつ、実質的な財産の帰属を後継者様とすることができます。（この時点で後継者に贈与税が課税されることに注意が必要です。）

②オーナーに万一があった場合に信託契約を終了させ、後継者が自社株の名義人となるように設定しておくことができます。

⇒信託設定時に贈与税が課税されており、一定の場合（※）を除き、相続税の課税は生じません。

（※）相続開始前3年以内の贈与・相続時精算課税制度の場合には、相続税の計算に足し戻されます。

9. M&Aによる親族外承継

> 後継者は必ずしも親族から選抜しなければならないということはありません。
> M&Aによる親族外承継で「事業と雇用の継続」と「キャピタルゲイン獲得」の2つを目指してみませんか？

(1) M&Aによる親族外承継の流れ

いわゆる団塊世代がまもなく70代に差し掛かるなかで、親族内後継者の不在に悩む年配のオーナーも多いと聞きます。そんなオーナーの新しい選択肢として徐々に活用が広まっているのがM&Aによる親族外承継です。M&Aとは企業の合併・買収の総称ですが、親族外承継の場面では第三者の企業が株式を買い取るパターンが一般的です。例えば、金融機関やM&Aアドバイザーを通じ、買収意欲がありかつ事業・雇用の継続が可能な企業の紹介を受け、その企業にオーナーの保有株式を売却するケースがよくみられます。

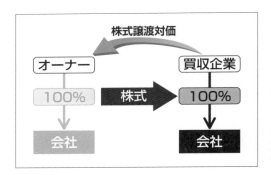

(2) M&Aによる親族外承継の2つのメリット －「廃業」との比較－

①事業と雇用の継続

人並ならぬ努力を重ねて築きあげた会社の継続を、親族内後継者の不在という理由で、あきらめてしまうのは実に惜しいことです。また会社が廃業すると、今日まで会社を支えてくれた従業員が職を失って家族共々路頭に迷ったり、仕入先・得意先に迷惑をかけたりすることにつながります。後継者を外部に求めることで事業と雇用の継続が図られれば、これら会社の利害関係者の幸せにもつながります。

②キャピタルゲインの獲得

　　M＆Aによる親族外承継の場合、第三者に株式を売却するケースが一般的ですから、オーナーには株式の売却収入が入ります。この売却収入に係る売却益に対しては、20.315％の税金しか課せられません。仮に廃業して会社を清算した場合には、残余財産分配額の大部分が「配当」とみなされるケースが多く、この「配当」とみなされた金額には最大55.945％の税金が課せられることになりますので、M＆Aによる売却は税制面からも非常に有利です。

(3) M&Aが成立しやすい会社とは？

　M＆Aは相手のあることですから、どのような会社でも売却できるというものではありません。例えば下記のような会社は、一般的に買収ニーズが強いと言えます。

> ① 継続的に経常収支が黒字の会社
> ② 特殊な許認可の保有等、事業内容に強みがある会社
> ③ 大都市圏にある会社

(4) 留意点

　メリットの多いM＆Aによる親族外承継ですが、買収者側からすると、企業買収は決して安い買い物ではありません。そのため、法務・財務・労務・ビジネス等について、専門家による調査（いわゆるデューディリジェンス）をすることが一般的です。この本をお読みのオーナーの方の中で、会社の売却を何度も経験したことがあるオーナーはごく僅かでしょうから、こういった調査の対応のご経験もないものと思います。しかし、相談相手の選択は慎重になる必要があります。なぜなら、M＆A検討中との話が伝わると、士気の低下によるキーパーソンの退社や業績悪化を疑う噂が広まるなど、会社の価値を損なう結果になりがちなためです。M＆Aによる親族外承継の可能性に興味がある方は、信頼のおける金融機関又はM＆Aアドバイザーに相談されることをおすすめいたします。

10. MBO等による親族外承継

親族内に後継者がいなくても、会社内に優秀な役員や従業員がいるような場合には、MBOやEBOを用いて経営権を親族以外に承継させることも有効です。

(1) MBO等による親族外承継について

　　MBO（Management Buyout）とは、会社の役員などの経営陣が、オーナーから自社の会社の株式を買い取り、経営権を取得することをいいます。また、従業員が同様に株式を買い取り、経営権を取得することをEBO（Employee Buyout）、役員と従業員が一体となって経営権を取得することをMEBO（Management and Employee Buyout）といいます。

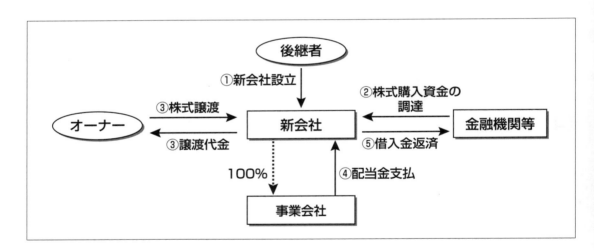

【STEP】
- ①後継者となる役員・従業員が、事業会社の持株会社を設立します。
- ②金融機関等から株式購入資金を調達し、③オーナーから株式を購入します。
- ④事業会社からの配当金等を原資として、⑤借入金を返済します。

（2）MBO等による親族外承継のメリットとデメリット

① メリット

- 後継者が自社の役員や従業員であるため、自社の事業を熟知していることから、事業を円滑に承継することが可能になります。
- 第三者への売却（M&A）に比べ、従業員の雇用が守られることから、企業風土や企業理念を踏襲した事業の承継ができます。
- オーナーにとっても、自社株式を売却することでキャッシュを手にすることができるため、相続税等の納税資金の確保を行うことができます。

② デメリット

- 株式購入資金は高額になるため、後継者である役員や従業員の資力だけでは足りないことがあります。その場合には、金融機関やファンドを用いて資金調達を行わなければなりません。
- 株主が複数いるような場合には、株式の買取価額が高くなるおそれや議決権確保が難しいケースがあります。
- 創業オーナーから会社を引継ぐ場合には、従業員のモチベーションの低下や取引先との関係性が毀損するリスクが考えられます。

（3）種類株式を用いたMBO等

　MBO等を行うに当たっては、後継者側での資金不足が課題になるかと思われます。その場合には、種類株式を用いることによって、経営権と財産権を分けて、経営権を役員や従業員に承継し、財産権を創業オーナーに承継するという方法も考えることができます。

　種類株式の導入については、第三章の6. 種類株式の活用をご参照下さい。

MEMO

第4章

事業承継税制

1. 事業承継税制の背景

> 自社株にかかる相続税の負担は、オーナー一族の「個人的問題」ではありません。
> 会社存続にかかわる問題であるため、次のような法整備がなされています。
> (1) 経営承継円滑化法の創設
> (2) 非上場株式にかかる相続税・贈与税の納税猶予制度の創設

(1) 事業承継にともなう問題

『大株主＝経営者』である中堅・中小企業においては、経営者の相続により、以下のような問題が発生し、事業の継続・発展に大きな影響を与えるといわれています。

①会社による自社株の買取り

相続税の納税資金を確保するために、後継者が保有する自社株を会社に買取らせるケースがあります。ただし、それにより会社の内部留保が流出し、設備投資資金や運転資金が逼迫する事態に陥る場合があります。

②不動産等の事業用資産の売却

多くの経営者が個人資産である不動産等を会社に貸付けています。相続税の納税資金を確保するために、後継者が相続した不動産等を第三者に売却した場合、会社の事業継続そのものが危うくなる可能性があります。

③事前の相続対策

会社の業績が伸びるほど、株価も上昇し相続税の負担は増加します。このため、事業活動を抑制して株価を下げるという不合理な企業行動を招きかねません。また、相続税の納税資金を確保するために、高額な役員報酬や退職金を支給することも考えられますが、事

業活動に影響を与えるだけでなく、他の株主や従業員の理解が得られないケースがあります。

④経営者の個人保証・担保提供

経営者が会社の借入に対して個人保証を行っていたり、会社に運転資金を貸付けていることが多くあります。このため、相続税に見合う預貯金があったとしても、現在および将来の会社経営のために、一定の預貯金を確保しておくことが、相続税の納税を困難にする一因となっています。

（2）事業承継に関する法整備

事業承継にともなう上記のような問題に対処するために、以下のような法律が整備されています。

①経営承継円滑化法の創設

経営承継円滑化法（中小企業における経営の承継の円滑化に関する法律）において、後継者による経営権確保を支援するため、遺留分について特別の定めが規定されています。

詳しくは、P.58 ～ P.59 をご参照下さい。

②非上場株式にかかる相続税・贈与税の納税猶予制度の創設

非上場株式にかかる相続税・贈与税の納税猶予制度（事業承継税制）において、後継者が取得した自社株にかかる相続税・贈与税の負担が軽減されています。

詳しくは、P.60 ～ P.66 をご参照下さい。

2. 経営承継円滑化法の概要

> 一定の要件を満たす後継者が、先代経営者の推定相続人全員と合意を行い、所要の手続き（経済産業大臣の確認・家庭裁判所の許可）を経ることにより、以下の遺留分に関する民法の特例の適用を受けることができます。
> （1）除外合意の特例
> （2）固定合意の特例

（1）除外合意の特例

先代経営者の生前に、経済産業大臣の確認を受けた後継者が、遺留分権利者全員との合意内容について家庭裁判所の許可を受けることで、先代経営者から後継者へ生前贈与された自社株式その他一定の財産について、遺留分算定の基礎財産から除外できる制度が創設されました。

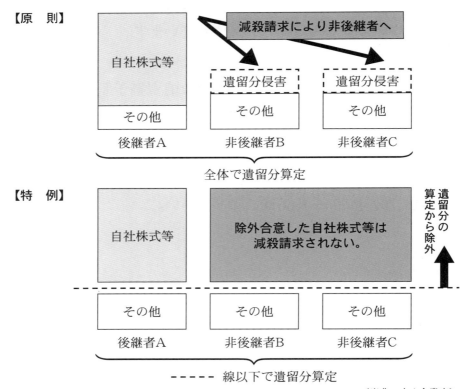

<出典：中小企業庁>

・事業継続に不可欠な自社株式等に係る遺留分減殺請求を未然防止
・後継者単独で家庭裁判所に申し立てるため、現行の遺留分放棄制度と比して、非後継者の手続きは簡素化

(2) 固定合意の特例

　生前贈与後に株式価値が後継者の貢献により上昇した場合でも、遺留分の算定に際しては相続開始時点の上昇後の評価で計算されてしまいます。このため、経済産業大臣の確認を受けた後継者が、遺留分権利者全員との合意内容について家庭裁判所の許可を受けることで、遺留分の算定に際して、生前贈与株式の価額をその合意時の評価額で予め固定できる制度が創設されました。

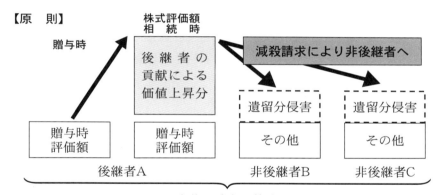

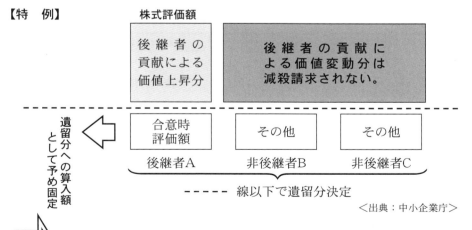

<出典：中小企業庁>

・後継者が株式価値上昇分を保持できる制度の創設により、経営意欲の阻害要因を排除

3. 事業承継税制の概要（相続税の納税猶予）

後継者が、自社株式を相続により取得した場合には、その後継者の自社株式分の納税が80％猶予されます。（相続前から後継者が既に保有していた議決権株式等を含め発行済議決権株式総数の2/3に達するまでの部分。）

[被相続人の要件]

○会社の代表者であったこと。
○相続の開始直前において被相続人と同族関係者で発行済議決権株式総数の50％超の株式を保有かつ同族内で筆頭株主であった場合。

[認定対象会社の要件]

○中小企業基本法の中小企業者であること。（特例有限会社、持分会社も対象。）
○非上場会社であること。
○資産管理会社に該当しないこと。等

※「資産管理会社」とは、有価証券、不動産、現預金等の合計額が総資産の70％以上を占める会社、及びこれらの運用収入の合計額が総収入金額の75％以上を占める会社です。ただし、事業実態のある会社は除きます。

＜対象となる中小企業者の範囲＞

		資本金の額	又は	従業員の数
製造業、建設業、運輸業、その他の業種		3億円以下		300人以下
	ゴム製品製造業（自動車又は航空機用タイヤ及びチューブ製造業並びに工業用ベルト製造業を除く）			900人以下
卸売業		1億円以下		100人以下
小売業		5千万円以下		50人以下
サービス業		5千万円以下		100人以下
	ソフトウェア業又は情報処理サービス業	3億円以下		300人以下
	旅館業	5千万円以下		200人以下

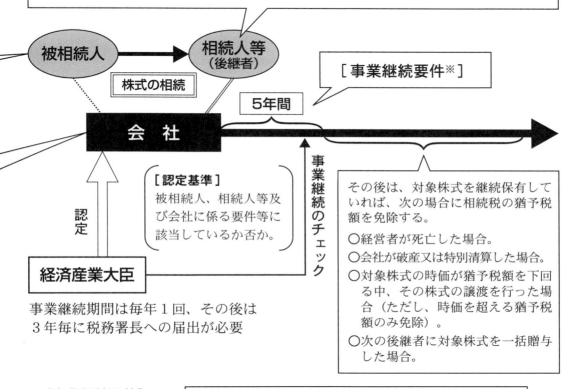

4. 事業承継税制の概要（贈与税の納税猶予）

先代経営者保有の対象株式の全部を一括で贈与により取得した場合には、猶予対象株式等の贈与にかかる贈与税の全額の納税が猶予されます。（相続前から後継者が既に保有していた議決権株式等を含め発行済議決権株式総数の2/3に達するまでの部分。）

適用対象者の要件

既に後継者が所有している分も含めて**発行済議決権株式総数の3分の2まで適用可能**

先代経営者

（相続の場合）
- 会社の代表者であったこと。
- 先代経営者と同族関係者で発行済議決権株式総数の50%超の株式を保有し、かつ後継者を除いた同族内で筆頭株主であった場合。

（一括贈与の場合）
- 上記要件のほか、代表者を退任すること。

相続時精算課税制度との併用

後継者が贈与税の納税猶予制度の適用を受けている場合であっても、後継者を含む推定相続人は相続時精算課税制度を利用可能。

第4章 事業承継税制

株式の一括贈与

後継者

（相続の場合）
○会社の代表者であること。
○後継者と同族関係者で発行済議決権株式総数の50%超の株式を保有し、かつ同族内で筆頭株主となる場合。
（1つの会社で適用されるものは1人）

（一括贈与の場合）
○上記要件のほか、20歳以上、かつ、役員就任から3年以上経過していること。

＜例＞発行済議決権株式総数の100％を一括贈与した場合

発行済議決権株式総数の2/3　→　**贈与税の納税猶予**

先代経営者　――　一括贈与　→　後継者

発行済議決権株式総数の1/3　→　**相続時精算課税制度の利用が可能**

5. 相続税・贈与税の納税猶予制度の流れ

相続税の納税猶予者が、次の後継者へ対象株式を一括贈与する場合には、相続税の猶予税額が免除されます。贈与税の納税猶予制度と相続時精算課税制度を併用することによって、より効果的な対策が期待できます。

（2代目経営者）

相続税の納税猶予の適用
経営承継期間（5年間）経過後

相続税の猶予税額の免除

一括贈与

（3代目経営者）

贈与税の発生

贈与税は、相続税と比較して、基礎控除が小さく、税率の累進度合も高いこともあり、負担が一層大きい。

贈与税の納税猶予の適用

贈与税の納税猶予の適用の要件

相続税の納税猶予制度と同様
○経済産業大臣の認定を受けること。
○雇用確保を含む5年間の事業継続を行い、その後も株式を継続保有すること。

贈与税の納税猶予制度は、贈与者（2代目経営者）が相続税の納税猶予制度の適用を受けていない場合であっても利用可能です。

<相続税の猶予税額の免除の要件>
【経営者】(2代目)　○代表者からの退任。等
【後継者】(3代目)　○代表者であること。
　　　　　　　　　○下記の「贈与税の納税猶予の適用」を受けること。等

経営者の死亡 → ①贈与税の猶予税額の免除 ＋ ②相続税の課税

③相続税の納税猶予の適用（一定要件あり）

① 贈与税の猶予税額は免除。
② 対象株式について、経営者から後継者に相続があったものとみなして贈与時の評価で相続税を課税。
③ ②で課税された相続税の80％を納税猶予。

○新たに5年間の事業継続は課されないが、株式の継続保有等の要件を満たすことが必要。

6．相続税の猶予税額の計算方法

> 相続税の納税猶予額の計算は、後継者が、対象となる株式のみを相続したものとして行います。特例の適用により、後継者以外の相続人等の税額には影響を与えることはありません。

（1）相続税の猶予税額の計算

ステップ1

後継者と後継者以外の相続人等が取得した財産の合計である遺産総額にもとづいて、後継者の相続税を計算します。

| 後継者以外の相続人等が取得した財産の合計 | 後継者が取得した財産合計（不動産、預貯金、非上場株式など） | → 相続税の計算 → | 後継者の相続税 |

ステップ2

後継者が取得した財産が特例の適用を受ける非上場株式のみであると仮定して、後継者の相続税を計算します。
（債務等がある場合は、非上場株式以外の財産から先に控除します。）

| 後継者以外の相続人等が取得した財産の合計 | A 特例の適用を受ける非上場株式 | → 相続税の計算 → | Aに対する後継者の相続税 |

ステップ3

後継者の取得した財産が特例の適用を受ける非上場株式の20％のみであると仮定して、後継者の相続税を計算します。

| 後継者以外の相続人等が取得した財産の合計 | B（A×20％） | → 相続税の計算 → | Bに対する後継者の相続税 |

ステップ4

ステップ2で計算した後継者の相続税からステップ3で計算した相続税を控除した残額が、納税猶予される相続税となります。なお、残りの相続税については、相続税の申告期限までに納付する必要があります。

| 猶予税額 | 納付税額 |

〔国税庁『非上場株式等についての相続税及び贈与税の納税猶予及び免除の特例のあらまし（平成27年1月1日施行）』を変用〕